QUESTION

SUR

LES PROGRÉS

DE L'ARCHITECTURE.

ESSAI

SUR

CETTE QUESTION:

Quels ont été les progrès de l'Architecture depuis son origine jusqu'à nos jours?

PAR J. C. HUET,

Sous-chef de division à la Grande-Chancellerie de la Légion d'honneur.

> Le besoin éleva les trônes ; les sciences et les arts les ont affermis.
>
> J. J. *Discours sur le rétabliss. des sciences et des arts.*

À PARIS,

Chez LE NORMANT, Imprimeur-Libraire, rue des Prêtres Saint-Germain-l'Auxerrois, n.° 42.

AN XIII. = 1805.

AVERTISSEMENT.

JE vais parler de l'architecture. En parlerai-je bien ou mal? c'est ce que je ne sais pas. Mes maîtres dans cet art sont les livres que j'ai lus, et les monumens que j'ai observés. Mon goût n'a été ni corrompu, ni épuré dans les ateliers. Je n'ai pas même l'avantage de pouvoir me glorifier des conseils de ceux qui excellent dans cet art.

Un homme simple dans ses mœurs, généreux par affection, étonnant par son érudition, plus étonnant encore par ses vertus, m'apprit un jour que la nature m'avoit fait architecte. Je ne m'en doutois pas.

Plein de confiance dans cette opinion si flatteuse, je m'appliquai avec ardeur aux élémens de l'architecture. Mais, prenant les encouragemens de la bienveillance pour une preuve de mes talens, je me persuadai que bientôt j'égalerois Perrault, Servandoni, Soufflot et beaucoup d'autres. J'étois excusable, parce que j'étois jeune. Depuis cette époque une longue étude de cet art m'a fait reconnoître facilement que l'âge arrivoit avec plus de rapidité que l'expérience et le talent. Aussi avois-je condamné mes premiers essais à ne jamais voir le jour. Aujourd'hui qu'il m'importe de prouver que je ne suis ni étranger ni insensible aux progrès des arts, je me détermine à publier celui-ci.

Je voudrois qu'on le jugeât digne

de la critique. Loin de me décourager, elle me serviroit de leçon, et, sans dérober aucun des instans que le devoir consacre aux occupations de ma place, je cultiverois dans mes loisirs, avec une nouvelle persévérance, un art qui depuis près de vingt ans fait toutes mes délices.

ESSAI
SUR
CETTE QUESTION:

QUELS ont été les progrès de l'Architecture depuis son origine jusqu'à nos jours?

AVANT d'examiner cette question, il s'agiroit de savoir si l'architecture n'est pas une science quant à la construction, un art quant à la décoration, et si la distribution n'appartient pas à l'une et à l'autre. En supposant qu'il faille établir cette distinction, je m'efforcerai de résoudre la question principale par la question accessoire. A défaut du talent qu'elles exigent pour en apprécier l'étendue, et de cette rectitude de jugement indispensable pour les bien saisir, mon enthousiasme pour l'architecture excusera ma témérité.

L'HOMME, dans son premier état, a dû éprouver tous les besoins auxquels la nature le condamne. Il a dû sentir promptement la nécessité de s'abriter, et chercher dans le creux des arbres, dans les antres et sous les rochers, un gîte protecteur contre l'intempérie des saisons et la violence des animaux féroces : mais ces gîtes n'ont pas suffi longtemps à ses besoins ni à ceux de sa famille ; et quand il a voulu se réunir en société, il a senti encore davantage combien leur éloignement apportoit d'obstacles à la fréquente communication qu'il vouloit établir avec ses semblables.

Pour suppléer à ces premiers gîtes que le hasard lui procuroit si difficilement et à des distances si peu favorables, il a dû se rendre maître des événemens en se construisant des abris.

Quelques branches dressées contre le tronc du premier arbre qui s'est offert à ses regards, se touchant vers le haut, s'éloignant les unes des autres, à mesure qu'elles s'approchoient de la terre, ont dû composer la charpente de cette nouvelle habitation. N'étant cependant impénétrable, ni aux rayons du soleil, ni à la violence de l'air, ni aux pluies abondantes, on la couvrit de feuilles et de terre : les vents y soufflant de tous côtés diverses semences, comme ces vastes champs incultes que le voyageur parcourt dans différentes contrées, elle fut bientôt revêtue d'une mousse touffue, entremêlée de quelques fleurs.

Sous ce toit de verdure, pour ainsi dire artificielle, l'homme, au sein de sa famille, reposoit avec sécurité. Ce qui le rassuroit, c'est que près de son gîte il trouvoit celui de son semblable, qui, ayant consenti à partager ses plaisirs et ses peines, avoit promis de lui donner secours et protection dans toutes les circonstances.

Plus rapprochés les uns des autres, les hommes se distinguoient entre eux par une sorte d'intelligence plus ou moins grande; et celui chez lequel on vit briller la première étincelle de l'industrie, fut sans doute le chef d'une grande famille, car les moyens industriels devoient alors se développer à raison et du nombre d'enfans que l'on possédoit, et de cette vive et tendre sollicitude qui nous fait pressentir jusqu'à leurs plus secrets désirs.

Trop à l'étroit pour loger commodément sa famille, l'homme imagina de varier ses plans sans rien changer à sa première construction : ainsi c'étoient toujours des branches enfoncées dans la terre, non circulairement, mais sur deux lignes parallèles. Cette bâtisse offroit déjà de plus grands avantages, et rendoit la cabane plus salubre que la hutte.

Dès cette époque, l'homme, doué de la faculté de penser, de parler, d'agir avec discernement, de classer le passé dans sa mémoire et de manier ou de remuer les objets qui frappoient ses regards, n'ignora plus sa destinée. Né pour créer, il n'attendoit que le développement de son intelligence : à mesure qu'elle croissoit, ses qualités morales perdoient de leur pureté, et la vanité se faisoit remarquer dans ses actions comme dans ses constructions ; aussi la simple hutte et la modeste cabane ne lui suffisoient plus. Il avoit observé que l'inclinaison de son habitation nuisoit à sa commodité ; que cette manière de s'abriter, quelle qu'en fût l'étendue, étoit toujours trop étroite du haut ; que d'ailleurs, les bois pourrissant dans la terre, la durée de ce genre de construction étoit trop courte, et trop sujette aux dégradations. Il essaya en conséquence de se servir de la pierre. Il ne s'agissoit plus que de couvrir les murs qu'il venoit d'élever ; afin d'y parvenir plus sûrement, il employa les mêmes procédés qui lui avoient si bien réussi pour la cabane. Bientôt il s'opéra des écartemens dans les murs : on devina qu'ils étoient occasionnés par la pesanteur de la couverture; et le moyen de remédier à ce nouvel incident fut de remplacer par le chaume la terre dont le toit étoit surchargé.

Ce que l'homme avoit gagné du côté de la légéreté, il le perdoit sous le rapport de la solidité. Pour renforcer ce nouvel ouvrage, des solives furent placées horizontalement sur les murs. Par le moyen des échancrures faites aux extrémités de ces solives, chaque partie de la charpente vint s'y fixer et former avec des poutres du plancher un seul et même tout, de sorte qu'il trouva le double moyen de se loger commodément et de mettre à couvert les provisions que sa prévoyance amassoit pour la saison où la nature est avare de ses dons. Mais quelques-unes des denrées nécessaires à son existence ne se gardoient point pendant les grandes chaleurs: il pensa qu'en les déposant à une certaine profondeur dans la terre, il pourroit les y conserver, et ce fut au milieu de son habitation qu'il construisit une espèce de cave.

Telles ont été les premières constructions. Quelqu'informes qu'elles fussent alors, c'est à elles seules que l'architecture doit sa célébrité, puisqu'elles sont encore le type de toutes les productions en ce genre, et que, dans l'ordre le plus imposant, les caractères qui le distinguent, sont ceux qui nous rappellent la construction de la chaumière perfectionnée. Cependant, il faut l'avouer, dans ce que nous venons de décrire, il n'y a ni science ni art : c'est plus que de l'instinct, mais ce n'est point du génie; c'est le développement de quelques idées, le germe de l'intelligence; en un mot, c'est de l'industrie. Eh! qui douteroit que les progrès des sciences et des arts sont dus à l'industrie? chaque jour elle les alimente et les vivifie. Comme un bienfaiteur qui se dérobe à la reconnoissance, elle applaudit à leur triomphe, sans réclamer aucune portion de leur gloire.

A MESURE que les hommes faisoient des progrès dans la civilisation, les productions de l'industrie se perfectionnoient. Elles devinrent bientôt la propriété de la science, parce que la science est la connoissance certaine et évidente des choses, et que l'industrie n'est que la dextérité et l'adresse que l'on met à les exécuter.

Selon le témoignage des historiens, l'Asie fut le berceau des sciences et des arts, comme elle le fut du genre humain; ils y prirent naissance; et les Assyriens, les Babyloniens, ainsi que les Égyptiens, quoique dans des contrées plus éloignées, furent les premiers peuples qui étendirent le domaine de l'architecture. Comme ces jeunes poètes qui, dans la fougue de leur imagination, pensent du premier jet produire une nouvelle Iliade, de même les Babyloniens et les Égyptiens, enivrés du merveilleux, croyoient que leurs conceptions égaleroient bientôt les beautés de la nature. En tout et par-tout elle leur servoit de modèle; cependant leurs ouvrages étoient sans grace, parce qu'ils étoient sans proportions. Privés de ce tact délicat qui anime et vivifie les arts, leurs monumens ne présentoient que des masses imposantes. S'ils inspiroient une sorte de respect, ils n'imprimoient jamais cette admiration que le sentiment du beau peut seul exciter. Et comment, à ces époques où la civilisation étoit peut-être encore si voisine de la simple industrie, les beaux-arts auroient-ils pu se perfectionner, eux qui sont les enfans de l'expérience, de la paix et du bonheur?

Moins insensés, mais aussi orgueilleux que les enfans de Noé, insultant au pouvoir de la Providence en construisant un monument qui devoit leur donner communication avec le ciel, les Égyptiens et les Babyloniens ne jetèrent jamais les fondemens d'un édifice sans concevoir l'idée qu'il serviroit de modèle dans tous les temps.

Après avoir construit les murailles de

Babylone, dont la hauteur égaloit celle de ces tours antiques qui annoncent au loin la métropole de la capitale de l'Empire, glorieux d'avoir élevé le palais et les jardins de Sémiramis, présomptueux parce qu'ils avoient bâti les villes de Thèbes et de Memphis, ils pensoient qu'aucune nation ne pourroit les égaler. Pour justifier ou révoquer en doute leurs prétentions, il faudroit donc décrire ces murs si formidables, ces jardins si célèbres, ces palais si somptueux, ces villes si superbes, et, nous reportant à d'autres siècles, parler du merveilleux temple de Salomon : ne voulant donner qu'une idée générale de ces divers monumens, ne nous suffira-t-il pas de répéter que les constructions dont nous venons de parler étoient industrieuses, colossales, mais qu'il n'y en avoit peut-être aucune marquée au coin du génie? D'ailleurs l'architecture ne devoit-elle pas être uniquement fondée sur les premiers élémens de la géométrie, lorsque les productions des arts n'offroient que de grossières imitations de la nature? Que sont en effet ces fameuses pyramides qui attestent encore aujourd'hui l'antique splendeur des Égyptiens? Des masses énormes, des montagnes de pierres, au milieu desquelles on a pu tailler des voûtes immenses, sans avoir besoin d'opposer aux efforts de leur poussée, d'autre résistance que la prodigieuse épaisseur des massifs qui les supportoient. Ce qui doit cependant nous étonner dans ces constructions, ce sont les soins qu'ont exigés les fondations, la taille des pierres, leur assemblage, leur recouvrement, et les moyens extraordinaires qu'il a fallu employer pour les élever à des hauteurs si prodigieuses. Ainsi les sciences avoient déjà fait de grands progrès, quand l'art étoit encore dans l'enfance. Ce qui paroîtra surprenant, c'est que peu de temps après, et tous ensemble, les beaux-arts sont arrivés, comme par miracle, à leur plus haut point de perfection.

Quel fut donc le peuple qui osa tracer des

limites aux beaux-arts? Ce fut le plus instruit, le plus vaillant et le mieux policé de tous les peuples. Eh! qui ne sent pas son imagination s'agrandir au souvenir des Grecs? A ce nom, une foule de noms à jamais immortels se pressent à la pensée; et le grand nombre d'actes de courage, de constance, de valeur et de modération, qui remplissent les pages de leur histoire, sont peut-être moins multipliés que leurs prodiges dans les beaux-arts. Quand on considère que dans aucun pays on ne trouve des philosophes, des poètes, des orateurs, des sculpteurs et des architectes plus distingués que chez eux, il faut avouer la prééminence de cette nation sur les autres; et peut-être la France, maintenant la patrie des sciences et des arts, qui parmi les génies qui l'ont illustrée, compte Bossuet, Corneille, Descartes, de la Hire, Goujon et Philibert Delorme, n'a-t-elle d'autre avantage sur la Grèce que la supériorité de ses capitaines.

Les Grecs furent les premiers qui associèrent les arts à la science de l'architecture; ils en fixèrent les proportions; et chez un peuple voisin, ainsi que dans un temps plus éloigné, Vitruve fut le premier qui, pour ainsi dire, sous leur dictée, en écrivit l'histoire.

Les Grecs ont inventé trois ordres, le solide, le moyen et le délicat.

Ils les ont appelés Dorique, Ionique et Corinthien.

Nous allons voir maintenant à quelle rigoureuse symétrie ils ont soumis la composition de chacun de ces ordres.

Chaque ordonnance, sublime par sa simplicité, admirable par ses belles proportions, divine par son harmonie, se divise en trois parties principales; le piédestal, la colonne et l'entablement.

Le piédestal se subdivise ensuite en trois autres parties; le socle, le dé et la corniche.

La colonne a sa base, son fût et son chapiteau; et l'on remarque, dans l'entablement, l'architrave, la frise et la corniche.

Quel ensemble des parties avec le tout! quel heureux assemblage et quel rapprochement avec la structure du corps humain! Je n'essaierai point de développer ces rapports : ce que je pourrois dire paroîtroit extrêmement conjectural aux personnes qui n'ont point assez médité les principes que Vitruve nous a laissés; et ceux qui les ont étudiés en savent trop pour que je puisse rien leur apprendre *.

La colonne Dorique présente solidité dans sa base, force dans son fût, sévérité dans son chapiteau ;

L'entablement, exacte imitation dans l'architrave, caractère distinctif dans la frise, expression mâle et vigoureuse dans la corniche. Cet entablement est imité de la construction des premières cabanes.

---

* Les piédestaux ne s'emploient qu'avec discrétion dans les ordonnances; ils prennent des moulures analogues à celles qui appartiennent à leur ordre.

Une poutre couchée sur des troncs d'arbres dressés en forme de colonne, portoit les solives du plancher. La saillie de chacune, quoique peu sensible, donna l'idée des triglyphes; et les gouttes suspendues au-dessous du listel de l'architrave, rappellent encore aujourd'hui les eaux qui suintoient ou s'écouloient de l'extrémité de ces mêmes solives.

Dans les entablemens Ionique et Corinthien, tantôt la frise est nue, tantôt elle développe la plus grande richesse; quelquefois sur l'un et l'autre on remarque des entrelacs, dont les contours moelleux sont dessinés avec art et sculptés avec grace. Ici l'Ionique nous présente des candélabres ou des cassolettes que des griffons semblent saisir pour les porter aux pieds de la Divinité; plus haut la frise Corinthienne nous montre les enfans du Génie se jouant avec les instrumens des arts, les palmes réservées aux vainqueurs, et ces guirlandes de fleurs qui ornent si bien l'innocence et la vertu.

Mais si l'ordre Dorique présente l'image de la virilité, l'Ionique et le Corinthien empruntent leur caractère principal de la structure de la femme.

Moulures légères dans leur base, dimensions sveltes dans leur fût, ornemens simples et naturels dans leurs chapiteaux; voilà ce qui les distingue du Dorique. Ils se distinguent encore par leurs chapiteaux, qui ont chacun une origine différente.

Ion, chef d'une colonie Athénienne, construisant un temple à Diane, imita, pour décorer son chapiteau, la coiffure des dames Grecques, dont les cheveux flottans offroient des contours si heureux, qu'ils lui servirent de modèle pour composer la volute Ionique. Aussi cet ordre est-il depuis ce temps dédié principalement à la beauté, comme le Corinthien est réservé principalement aux édifices consacrés à la Divinité. Mais d'où vient cette prérogative de l'ordre Corinthien sur les autres? La doit-il à son élégance, à sa richesse ou à sa majesté?

ne la devroit-il pas plutôt à cet acte de sensibilité qui donna naissance à son plus bel ornement?

Callimachus passant près du tombeau d'une jeune fille de Corinthe, y aperçut une corbeille recouverte d'une tuile, et environnée de feuilles d'acanthe que la nouvelle saison avoit fait croître, et que le temps avoit recourbées par-dessous la tuile en forme de volutes. Elle lui présenta un ensemble si harmonieux, qu'il en fit un dessin auquel il ajouta cette régularité que ne donne jamais la nature.

Voilà donc l'origine des trois ordres Grecs. Tous ont un cachet particulier; et chacun d'eux offre une si grande perfection dans son ensemble, que les architectes qui jusqu'à ce jour avoient voulu altérer leur caractère, ont presque tous échoué.

Les ordres Grecs ont souvent éprouvé des variations dans leurs dimensions, leurs entrecolonnemens et leurs moulures, sans avoir rien perdu de leur caractère primitif.

Le Dorique a conservé ses triglyphes, l'Ionique ses volutes, et le Corinthien ses feuilles d'acanthe.

Comment l'architecture est-elle arrivée à ce degré de gloire chez les Grecs? C'est, dit Chambray, parce que cet art n'étoit point un métier. Les premiers de leurs républiques daignoient s'en occuper. Ils faisoient de grandes choses, parce qu'ils avoient pour but la gloire et l'immortalité. En effet, que de monumens n'ont-ils pas laissés à l'admiration des peuples qui leur ont succédé! et combien en est-il qui n'ont pu résister à la violence des barbares qui les ont détruits!

Que de tristes réflexions font naître le souvenir de tant de merveilles et l'aspect des débris de celles que le temps a épargnées encore pour l'honneur des arts! Quoi! cette contrée si fertile en génies, en talens, n'existe plus! et le sol qui vit naître le chantre des demi-dieux, Xénophon, Démosthène, Archimède, Aristote, Phidias, Praxitèle et tant d'autres que les sciences et les beaux-arts invoquent chaque jour, quoi! dis-je, ce sol n'est plus occupé que par des hommes qui foulent aux pieds et les chefs-d'œuvre et la cendre de ces illustres morts? Ah! si ces peuples grossiers sortoient de leur engourdissement, combien ils rougiroient! Cependant ne les accusons point de tant de profanations : ceux qui habitent aujourd'hui cette antique patrie des beaux-arts, leur sont trop indifférens pour être coupables.

Sans nous arrêter aux causes qui ont produit la ruine des Grecs, disons qu'ils la doivent à cette ambitieuse rivalité qui a existé si longtemps entre deux peuples amans de la gloire et de la liberté, les Athéniens et les Lacédémoniens. Mais, comme le dit Bossuet, *l'objet le plus odieux qu'eut toute la Grèce étoit les barbares.* Elle pressentoit, pour ainsi dire, que les monumens élevés à sa gloire deviendroient l'objet de leur basse jalousie, et qu'en dépit de la majesté de ses productions ils chercheroient à outrager sa mémoire par des constructions plus grossières, plus matérielles que celles des Babyloniens et des Égyptiens, qui avoient pu s'honorer de leurs édifices, parce qu'ils n'avoient point eu de modèles à imiter. Heureusement ce genre de construction, aussi barbare que ceux qui en étoient les inventeurs, n'insulta pas long-temps au génie des Grecs.

Des hommes doués d'une grande intelligence, mais inhabiles à cultiver les arts, firent revivre l'architecture considérée comme la science de la construction; et quoique leurs monumens n'offrissent qu'un ensemble dont les détails étoient aussi futiles que mesquins, et dont la masse du bâtiment contrastoit si désagréablement avec l'excessive légèreté apparente des parties, ils étoient construits avec tant de solidité, qu'après plus de douze siècles ils subsistent encore et peuvent servir d'exemple à tous les constructeurs. Examinez leur étendue, leur élévation, leur hardiesse :

ne vous arrêtez point aux détails ; car ils n'offrent rien d'agréable, rien d'harmonieux.. Ce sont comme autant de parties prises au hasard, réunies pour former un seul et même tout ; aucune ordonnance régulière ; des piliers sans grace et sans proportions : en un mot, sous le rapport des arts, ces monumens gigantesques sont, pour ainsi dire, la parodie des sublimes conceptions des Grecs. Alors les Gaulois et les Francs se glorifioient de leurs bizarres conceptions, tandis que les Italiens se disposoient à s'emparer du sceptre des arts, brisé par les Sarrasins et les Lombards, après la mort de Justinien.

Brunelleschi et quelques-uns de ses successeurs, pleins d'admiration pour les monumens des Romains qui enrichissoient encore la nouvelle Rome, firent oublier l'architecture Gothique, alors si en vogue en Italie ; et après de longs siècles de barbarie, Michel-Ange, plus heureux, déterra des ruines de l'antiquité la véritable architecture. Ses vastes conceptions, celles de Palladio et de quelques autres, auroient infailliblement excité une noble émulation parmi les architectes, si l'amour-propre, passion toujours funeste aux arts, n'eût étouffé les brillantes espérances que l'on devoit concevoir : aussi la plupart de leurs productions et de celles qui existent jusqu'à ce jour, ne présentent à nos regards que des colonnes distribuées sans goût et sans utilité. Prodiguées dans tous les genres d'édifices, les façades des plus petites maisons ressemblèrent à de petits temples, et les portiques des temples à des entrées de maisons. On altéra la base, le fût et le chapiteau des colonnes; les entablemens éprouvèrent de plus grands dommages encore; et les moulures, mal dessinées ou trop multipliées, achevèrent, pour ainsi dire, de confondre les ordres. On ne vit pour ornemens que guirlandes et festons, tables ou cartouches, bas-reliefs guindés, trophées sans but, attributs sans objet; et la vigilance et les soins des

Serlio, Scammozzi, Philibert Delorme, Jacques Desbrosses, Mansard, Perrault, Blondel, Servandoni, Soufflot et quelques autres, malgré leurs efforts, ne triomphèrent jamais complétement de ces capricieuses innovations. Et qui croiroit que ces grands maîtres eux-mêmes ne furent pas exempts de quelques-uns des défauts qu'ils avoient droit de reprocher à l'ignorance ainsi qu'au mauvais goût? L'expérience des siècles ayant démontré qu'on ne pouvoit altérer les caractères primitifs des ordres Grecs sans nuire à leur perfection, qu'avoit-on besoin d'inventer? L'architecture consisteroit-elle dans l'élévation d'un ordre? celui qui professe cet art divin n'auroit-il que cette portion de gloire à recueillir? la composition d'un édifice, sa construction et sa distribution ne peuvent-elles lui en acquérir une plus grande? et ne sera-t-il pas l'égal des Grecs, ne les surpassera-t-il même pas, si la combinaison de son ordonnance et la sage distribution des ornemens qui doivent l'accompagner, produisent cette harmonie et cette mélodie enchanteresse, ame de toutes leurs productions? Oh! qu'ils étoient grands et magnifiques, quand le génie des beaux-arts excita chez eux cette sublime émulation qui les rendit immortels comme les arts dont ils étoient créateurs!

Pour moi, dans l'enthousiasme que m'inspire ce peuple courageux et spirituel, je serois tenté de croire que s'il eût existé plus long-temps, ses peintres et ses statuaires auroient donné le mouvement et la vie aux chefs-d'œuvre qu'ils ont produits.

Mais ai-je parlé de tous les âges de l'architecture, et n'est-il aucun peuple qui puisse entrer en lice avec les Grecs? Ces fiers Romains, ce peuple hardi, patient, laborieux, chérissant les beaux-arts comme la liberté, n'a-t-il point ajouté aux progrès de l'architecture sous le rapport de l'art, par la somptuosité, la magnificence et la beauté des proportions de ses édifices? Non; la majesté de ses temples, son Capitole si vanté, ses places publiques, ses marchés, ses bains, ses amphithéâtres et ses aquéducs ont attesté son opulence, sa grandeur et sa force, parce que la plupart de ces monumens devoient leur éclat à l'architecture des Grecs. Ainsi tout ce qu'elle a de beau, de grand, de noble et d'imposant, n'est pas de l'invention des Romains. Justes appréciateurs du vrai mérite, ils ont eu la sagesse d'imiter les Grecs, et de perfectionner leurs productions. Cependant ils ont imaginé deux ordres; mais, comme le dit Chambray, ceux des Grecs présentent tant de beautés, que les deux qu'on a voulu leur accoler n'ont trouvé de place qu'avant et après eux. Il sembleroit que les Romains n'ont mis en œuvre l'ordre Toscan et Composite, que pour rendre hommage à leurs maîtres, et donner une leçon à ceux qui auroient la témérité d'essayer de l'emporter sur le génie de leurs prédécesseurs. Semblables à ces hommes modestes qui se font un mérite d'honorer les productions des autres en publiant les beautés qu'elles renferment, les Romains ont pris plaisir à donner les préceptes d'un art qu'ils ont cultivé avec tant de gloire, et dont ils auroient été peut-être les inventeurs, s'ils eussent existé avant les Grecs.

Si les beaux-arts sont arrivés depuis long-temps à un point de perfection absolue, et si les sciences font tous les jours des progrès, on peut croire qu'en architecture la construction doit être considérée comme une science, la décoration comme un art, et que la distribution participe de l'une et de l'autre, puisque c'est au goût et à la géométrie qu'on doit les distributions les plus commodes et les plus agréables. Quand je songe combien le caractère et les mœurs des peuples ont influé sur les arts en général, je suis tenté de me ranger de l'avis de ceux qui contestent aux Grecs et aux Romains le talent de la distribution. Aucun des monumens antiques qui nous restent, ne nous donne une idée de leur mérite en ce genre; les historiens les plus fidèles n'en ont fait aucune mention particulière, et les plus célèbres architectes de l'Italie ne nous apprennent rien à cet égard. Qu'en faut-il conclure? Qu'il appartenoit à la politesse et à l'urbanité Française d'exceller dans cette partie, puisque les soins les plus marqués, les attentions les plus délicates, doivent, avec le goût, et d'accord avec les lois de la géométrie, présider aux distributions des maisons particulières comme à celles des palais les plus somptueux.

Nous avons présenté l'industrie comme base de l'architecture, la science comme une preuve de ses progrès, et les arts comme le complément de sa gloire.

Sous le rapport de science et art tout ensemble, elle doit ses résultats aux mathématiques, sa symétrie à la poésie, ses belles proportions à la nature. Elle a encore ce précieux avantage, de rectifier l'histoire, d'imprimer de grands souvenirs, et de se perpétuer dans les siècles pour immortaliser la gloire des nations.

Voilà pourquoi elle obtint tant de faveurs chez les peuples qui se sont illustrés, et pourquoi son crédit doit devenir immense dans la patrie que lui assigna Louis XIV.

L'architecture exige donc une infinité de connoissances dans celui qui la cultive. Il faut qu'à l'étude des meilleurs auteurs il joigne le discernement qui caractérise le savant, la chaleur qui anime le peintre, le moelleux qui charme le sculpteur; que l'active industrie lui prête ses secours; qu'il soit doué d'une imagination vive et féconde, et que son esprit, nourri de grandes idées, soit guidé par le sentiment du beau. Sans lui, rien de vrai dans les arts. Ce sentiment est inné avec nous; on l'exerce, on l'épure par une constante application; et ce sera en observant les monumens et en les comparant que l'on pourra s'approprier ce style toujours varié, toujours gracieux, et quelquefois sublime, qui appartient au génie. Mais tant de connoissances sont-elles indispensables à celui qui attache moins de prétention au titre d'architecte, qu'à celui d'amateur? Oui, sans doute : car étudier volontairement et constamment une science ou un art, suppose des dispositions naturelles; renoncer tout-à-coup à s'y distinguer quand on en a les moyens, c'est dérober à la société le droit qu'elle a de profiter de vos talens; et c'est une vérité que j'énonce avec plaisir, quoique les moyens d'essayer si j'étois doué des dispositions dont je parle aient manqué totalement à ma bonne volonté. Cette vérité sera d'autant mieux sentie, qu'elle porte avec elle l'encouragement nécessaire à ceux qui cultivent ou les sciences ou les arts, et qui sont encore dans un âge où il est permis d'aspirer à la célébrité.

Et de même que la nature nous avertit

souvent, par des pressentimens secrets, des événemens qui nous arrivent, de même elle frappe quelquefois si vivement notre imagination, qu'elle semble nous prescrire l'usage que nous devons faire de nos facultés intellectuelles. Heureux qui peut saisir cette divine inspiration! plus heureux qui peut écarter les obstacles qui l'empêcheroient d'en profiter!

Pour moi, lorsque, jeune encore, conduit par un simple motif de curiosité, j'allai visiter ce temple dédié à la vertu guerrière *, une palpitation soudaine fit chanceler mes pas; et l'étonnement avoit produit sur moi une telle impression, qu'il m'avoit ôté jusqu'à l'usage de mes sens. Ils se ranimèrent peu à peu, et mon ame fut toute entière remplie du sentiment de l'admiration.

Génie qui présides à l'architecture, reçois mon hommage, et daigne sourire au songe

* Le dôme des Invalides.

que tu m'inspiras lorsque le Héros qui nous gouverne revint, après ses premières campagnes d'Italie, tout couvert des palmes de la victoire.

Fatigué par une longue suite de méditations sur les monumens qui font de Paris une nouvelle Rome, je voulus me livrer au sommeil. Mais l'homme tourmenté de la passion des beaux-arts peut-il dormir sans rêver à leurs charmes? Son imagination veille sans cesse. Comme la glace, elle refléchit et multiplie ses idées; moins fidèle, elle lui présente les objets qui ont existé et même ceux qui n'existent pas encore. Au milieu de mon sommeil, je crus voir le Louvre : je le vis en effet, non tel qu'il est aujourd'hui, mais entièrement achevé. Par toute l'Europe on avoit vanté ce monument, et l'on accouroit de toutes parts pour en voir l'inauguration. A gauche et à droite des Champs-Élysées on apercevoit déjà des vases magnifiques, et la place dite *de Louis XV* étoit décorée de statues équestres et pédestres; celle d'un Héros, élevée sur un piédestal, occupoit le milieu. Des jets d'eau, placés dans les quatre angles, retomboient dans divers bassins, et formoient des cascades. Ces bassins demi-circulaires s'appuyoient contre un large stylobate qui portoit une colonne surmontée d'un casque, d'une cuirasse, et décorée de trophées militaires. Du côté du nord, on avoit terminé le bâtiment dédié à la Madelaine. Du côté du midi, on apercevoit le temple des Lois. Ces colonnes élégantes et légères, qui supportent un massif énorme dont l'aspect révolte et la raison et le goût, n'existoient plus *. On avoit pratiqué un portique d'ordre Dorique, annonçant la destination et l'importance de cet édifice. On y montoit par des degrés, dont le plus élevé,

* L'architecte chargé d'embellir ce palais ne s'offensera pas sans doute de cette vérité. Plus il a de mérite, plus il est à plaindre de n'avoir pu déployer dans cette façade tout le talent qu'on lui connoît.

vu de la nouvelle place, surpassoit le niveau du milieu du pont du savant Perronet. Parallèlement aux Champs-Élysées, une balustrade en marbre formoit l'appui des deux terrasses qui se marient si bien au fer-à-cheval de l'ingénieux Lenôtre : elle se prolongeoit d'un côté jusqu'à la partie appelée l'Orangerie, et de l'autre jusqu'à l'angle du quai des Tuileries. Le jardin étoit magnifique; les escaliers, les murs, les appuis des terrasses étoient en marbre; les treillages qui défendent l'entrée des parterres, et les rampes des terrasses, étoient en fer. Ici des temples aériens, des cascades; là des cirques, des obélisques, des groupes de figures; plus loin des statues, des vases ou de marbre ou d'airain, frappoient mes sens d'étonnement.

A la vue de ce jardin offrant tant de chefs-d'œuvre, mon imagination étoit plus charmée des productions du génie que mes sens n'étoient flattés du parfum que répand l'oranger, du vif incarnat du laurier-rose, de l'aurore foncé du grenadier, et de l'éclat de toutes les couleurs que la nature prodigue aux fleurs. Des touffes de roses et des massifs de chèvre-feuille ornoient le parterre, et se détachoient sur un fond de gazon encadré symétriquement dans des lambris de verdure, inclinés et séparés entre eux par d'étroits sentiers parsemés d'un sable rougeâtre. Que de tableaux pour le peintre! Et pourquoi le poète Français ne monteroit-il point sa lyre pour célébrer tant de merveilles? Comme Virgile, n'a-t-il point un Mécène à chanter?

Mais quelle nouvelle métamorphose! Un arc de triomphe surpassoit en élévation tous les monumens de ce genre. Il étoit terminé par des gradins, sur le sommet desquels on apercevoit Apollon environné des Muses. Quatre colonnes d'ordre Corinthien, placées devant les pieds-droits de la porte triomphale et chargées des trophées des sciences et des arts, portoient, du côté du jardin, les bustes d'Archimède et d'Homère; du côté de la cour, ceux d'Aristote et de Phidias. Quatre rangs de colonnes d'ordre Dorique sans base, et cannelées aux deux tiers, occupoient la droite et la gauche jusqu'aux pavillons. Cet édifice aérien formoit dans sa longueur trois promenoirs : celui du milieu conduisoit à deux escaliers magnifiques situés dans les pavillons dits *de Flore* et *d'Apollon*. Une colonnade Ionique ornoit les deux galeries qui réunissoient les Tuileries au Louvre. En face du jardin, on admiroit le majestueux portique du Palais, construit dans toute la largeur du bâtiment, entre la rue Saint-Thomas-du-Louvre et celle Froidmanteau; on y montoit par un escalier immense, tandis qu'un fer-à-cheval ingénieusement ménagé permettoit à des chars attelés de huit chevaux d'arriver jusqu'à la hauteur du premier étage.

La vaste cour de cet édifice étoit devenue le Muséum de sculpture. Tout ce qui ne pouvoit être exposé aux injures du temps, étoit placé dans le rez de chaussée de la nouvelle galerie. Que de magnificence présentoit l'aspect imposant de ce Palais! Cet arc de triomphe; ces trois promenoirs, séparés par quatre rangs de colonnes; ces escaliers majestueux; l'aspect du Palais; le Louvre, si célèbre dans l'univers; les monumens antiques exposés à l'admiration ou à la curiosité du peuple; la perspective du jardin à travers les colonnes; tant de magnificence avoit transporté, pour ainsi dire, mon imagination au milieu de la Grèce. J'allois sortir, enivré du plaisir que m'avoit procuré un si vaste tableau, lorsque traversant l'arc de triomphe, on ouvrit à droite et à gauche les deux galeries. Je me hâtai d'y monter par l'escalier du Muséum de peinture. Quel trésor! A la suite de cette étonnante collection, on voyoit les instrumens des sciences démonstratives, des arts libéraux et mécaniques, les objets précieux qui composoient le garde-meuble, les armes et les costumes des peuples dont les mœurs étoient opposées aux nôtres, la bibliothèque la plus riche de l'Europe, les productions des manufactures en tout genre : en un mot, ce Palais étoit le temple des sciences et des arts. Que l'on vante maintenant, me disois-je, les sept merveilles du monde ; que les historiens célèbrent tant qu'ils voudront les murs de Babylone ; qu'ils décrivent les superbes jardins de Sémiramis ; qu'ils parlent avec étonnement des pyramides d'Egypte, du phare d'Alexandrie, du tombeau de Mausole, du temple de Diane, de celui de Jupiter, et du colosse de Rhodes ; qu'ils enrichissent toutes ces merveilles des charmes de l'imagination la plus féconde : ils n'auront encore rien vu de comparable au monument que j'admire.

A peine avois-je traversé cet immense édifice, que je m'éveillai. Quelques-uns des chefs-d'œuvre avoient déjà disparu, quand l'Espérance me montra dans l'avenir le Génie qui préside aujourd'hui aux destinées des sciences et des arts, comme à la gloire et au bonheur de la France.

FIN.

De l'Imprimerie de PLASSAN, Imprimeur de la Grande-Chancellerie de la Légion d'honneur.

www.ingramcontent.com/pod-product-compliance
Ingram Content Group UK Ltd.
Pitfield, Milton Keynes, MK11 3LW, UK
UKHW021521260726
13993UKWH00004B/1810